Bastin

Neujahrsmorgen

an meinem Tisch. Herrlich, ein früher Morgen für mich allein, jeder will ausschlafen. Ich höre nicht einmal ein Auto auf der Straße in der Ferne. Das Telefon hat Urlaub.

Ein neues Jahr zu beginnen ist genauso, wie eine neue Zeichnung zu wagen. Ein weißes Blatt Papier vor der Nase und man kann machen, was man will. Bis zu einem bestimmten Punkt. Irgendwo auf halbem Weg beginnt meine Zeichnung immer, ein Eigenleben zu führen. Und das kann manchmal ganz anders aussehen, als ich ursprünglich gedacht hatte. Manchmal wird es besser, als ich zu hoffen gewagt hatte. Aber manchmal auch nicht. Ich habe offensichtlich nicht die Kontrolle.

Ich darf nur das Thema bestimmen.
Ein bisschen wie im richtigen Leben.

Ein neues Jahr zu beginnen

ist genauso, wie eine
neue Zeichnung zu wagen.

Ein Strauß,

der eine Atmosphäre ausstrahlen soll wie die prächtigen Blumenstillleben aus dem 17. Jahrhundert ... so sollte es werden. Also ging ich mit Schere und Korb in den Garten. Pflückte Rosen, Jasmin, Himbeeren und Geißblatt. Nicht anders als damals.

Es liegen vier Jahrhunderte dazwischen. Wir fahren jetzt zum Mond. Fernsehen, Flugzeuge, Computer. Aber wenn ich die Blumen in eine Vase stelle, empfinde ich dasselbe wie die Maler von früher. Und wenn die Zeichnung fertig ist, bewundere ich die Maler aus jener Zeit noch mehr, als ich es eh schon tat.

Rosen

Jasmin

Himbeeren

Geißblatt

Schon als wir hier einzogen,

sahen wir Hirsche, Virginiahirsche. Manchmal 25 auf einmal. Aber immer nur aus einiger Entfernung.

Sobald wir ankommen, gehen wir auf den „farmers-market“, um Salzblöcke und Mais zu kaufen. Mais mit Apfelduft selbstverständlich ... denn die Liebe geht durch den Magen! Jetzt kommen sie jeden Morgen und Abend, um direkt vor meinem Arbeitszimmer zu fressen. Sie finden mich besonders nett, wenn ich mich nicht zu sehr bewege. Zeichnen ist o.k.

Liebe

geht durch den Magen

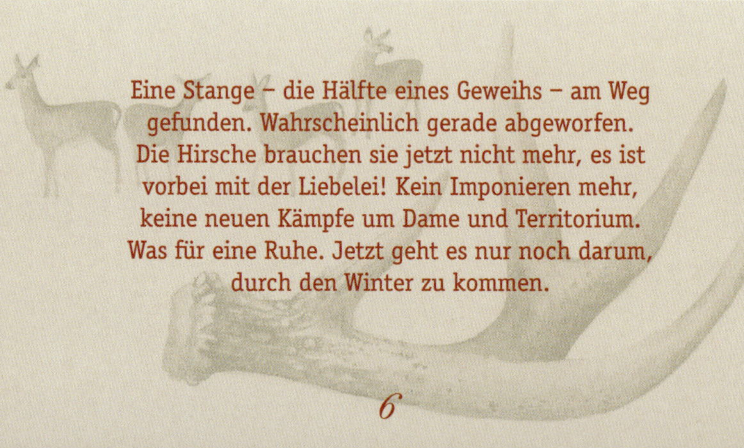

Eine Stange – die Hälfte eines Geweihs – am Weg gefunden. Wahrscheinlich gerade abgeworfen. Die Hirsche brauchen sie jetzt nicht mehr, es ist vorbei mit der Liebelei! Kein Imponieren mehr, keine neuen Kämpfe um Dame und Territorium. Was für eine Ruhe. Jetzt geht es nur noch darum, durch den Winter zu kommen.

Wilde Alpenveilchen,

etwas ganz anderes als die großen Jungs, die früher bei uns zu Hause auf der Fensterbank standen. Ich hatte es total vergessen, aber als ich den Bleistift ansetzte, erinnerte ich mich ganz deutlich: meine erste Zeichenstunde. Bei Meneer Haak, einem echten Kunstmaler. Ich war zehn. Er nahm das Erste, was er an Grünzeug in unserem Zimmer sah: die Veilchen meiner Mutter. Ich erinnere mich wieder, wie er mir geduldig die kleinsten Details zeigte. Staubgefäße, Stempel, Nerven im Blatt. Tief unglücklich konnte er mich machen, aber auch äußerst glücklich, wenn er zufrieden war.

Plötzlich kam mir auch ein Besuch in seinem Atelier wieder in den Sinn. Atemlos schöne Aquarelle, mit demselben Pinsel gemalt, den er mich benutzen ließ.

Bei mir benahm sich der Pinsel ganz anders. Frustration einer Zehnjährigen. Aber Meneer Haak öffnete für mich die Tür einen Spalt. Ich musste sie selbst aufstoßen. Herzlichen Dank, Meneer Haak!

„Das war's also",

sagten wir zueinander, als Sanna und Mischa nach 16 (!) Jahren beschlossen, dass wir nun für sie keine Eier mehr verstecken müssten. Das feste Osterritual. Erst große Eier direkt am Haus, gut sichtbar. Das Jahr darauf etwas weiter weg ... und weiter ... und weiter. Tränen bei Sanna, die einen Korb an einem Zweig entdeckte, an den sie nicht herankam. Vergleichen, wer die meisten hatte. Immer härterer Wettbewerb. Die Kreise ums Haus wurden größer und größer und es wurde zum echten Sport. Manchmal sahen wir Tage später einen Eichelhäher mit einem knallroten Ei im Schnabel. Oder einer der Hunde brachte etwas in Silberpapier mit ins Haus, um es heimlich im Körbchen aufzufressen. Und jetzt scheint es, als ob das alles wieder von vorne beginnt ...

In der nächsten Woche wird Merel, jetzt gut anderthalb, ihre ersten Ostereier im Garten von Opa und Oma finden. Stärker noch als früher, bei unseren eigenen Kindern, bin ich mir dessen bewusst, dass wir jetzt Merels Kindheitserinnerungen ausmalen.

MB

In einem Gartencenter

sah ich einen großen Blumentopf stehen, randvoll mit Krokussen. Wie hübsch! Das werde ich im Oktober auch tun, Zwiebeln in einen der vielen Töpfe pflanzen, die bei uns zu Hause stehen! Wenn man jahrein jahraus Zwiebeln in Netzen oder Säcken kauft, assoziiert man sie nicht mehr mit ihrem Heimatboden. Wilde Krokusse wachsen überall.

Auf steinigen Feldern und in Tannenwäldern im Süden der Türkei und von Spanien: Crocus graveolens. Im Flachland von Korsika und Sardinien: Crocus minimus. Auf Felsen in den Bergen Zyperns: Crocus cyprius. Im Bergland von Spanien und Portugal: Crocus carpetanus. In den griechischen Bergen: Crocus sieberi. Auf korsischem Grasland: Crocus corsicus.

Aber diese Krokusse würden in meinen Blumentöpfen alle Heimweh bekommen. Also bleibe ich bei meinem Netz mit Zwiebeln aus dem Gartencenter. Auswahl genug!

CROCUS minimus
CROCUS malyi
CROCUS graveolens
CROCUS corsicus
CROCUS cyprius
CROCUS carpetanus
CROCUS sieberi
NB

Flieder

Als Willkommensgruß

hatte ich in Amerika einen großen Fliederstrauß bekommen. Die abgebrochenen Trauben stellte ich in einen Topf von meinem alten Kinderherd. Ich steckte meine Nase hinein ... Und ich war wieder drei! Abendsonne durch die kahlen Bäume des Skulpturengartens nebenan. Mammie. Ich musste ins Bett. Ein kalter Waschlappen in meinem Gesicht und Fliederseife. Ja, das war es: Fliederseife. Ich nahm das Porträt meiner Mutter, damals auch drei Jahre alt. Vielleicht 1918. Ich stellte es neben den Flieder. Was war sie lieb. Erinnerungen altern nicht, vergilben nicht. Niemand kann sie abladen und man nimmt sie überall hin mit. Sie sind eine Schatzkiste, aus der man ab und zu etwas herausholt und vorsichtig wieder hineinlegt. Welch Wunder. Stärker noch als Fotos wecken Gerüche Erinnerungen. Noch vollkommener, als unsere Augen sehen können.

Erinnerungen altern nicht,
vergilben nicht.

Welch ein Wunder

Niemand kann sie abladen und
man nimmt sie überall hin mit.

Buschwindröschen

Unser Hotel

in den finnischen Wäldern am See ist voll von Familien; fröhliche Mütter, Kinder, Omas, Enkelkinder. Noch nie habe ich so viele Buschwindröschen blühen sehen. Der gesamte Waldboden ist damit übersät, als ob es geschneit hätte. Es ist eine alte finnische Tradition, seiner Mutter am Muttertag einen Strauß aus den zarten weißen Anemonen zu schenken. Es stehen noch genug da für Generationen von Müttern.
Und überall im Wald und über die Hügel fliegen „Grünlinge". Kleine Ritterfalter, von oben braun, von unten herrlich metallisch-grün. Wie ein vielbeschäftigter Chef verteidigt jeder sein Territorium.

Ritterfalter

Es stehen noch genug da
für Generationen von Müttern.

Sehnsüchtig

schaue ich zum Gartenstuhl und sehe, dass die Rotkehlchenfamilie Freude daran hat. Aus meinem Zimmer sehe ich erst, wie schön die Malven sich gegen die dunkle Taxushecke abheben!

So unzufrieden wie meine Rosen mit dem Waldboden der Veluwe sind, so zufrieden sind die Malven damit. Seitentrieb nach Seitentrieb fängt an zu blühen, nachdem ich sie gestutzt habe. Letztes Jahr blühten sie von Juli bis Ende Oktober. Um diese Zeit haben die pubertierenden Rotkehlchen schon die rote Brust von Vater und Mutter.

LAVATERA
MB

Fetthennen sind schön,

aber noch wichtiger ist, dass sie Schmetterlinge anziehen wie keine andere Pflanzenart. Admirale, dutzendfach! Auf Niederländisch heißen sie Atalanta. Dazu gibt es eine so hübsche Geschichte: Es war einmal eine bildschöne griechische Königstochter mit schwarzem Haar, roten Wangen und blauen Augen. Ihr Name war Atalanta. Sie versprach, den Mann zu heiraten, der schneller laufen konnte als sie. Weil sie das Versprechen nicht hielt, beschlossen die Götter, sie zu bestrafen, und verzauberten sie in eine hässliche, stachlige schwarze Raupe. Brennnesseln musste sie essen, die Arme. Aber als Trost durfte sie ihr Leben als Schmetterling beenden, in der Sonne tanzend. Schwarz, rot, blaue Augen. Glücklicherweise zauberten die Götter noch ein wenig weiter: Den Prinzen verzauberten sie auch in einen Schmetterling.

Und sieh mal: so viele Nachkommen. Ich zähle 63 Admirale in den vier Buchsbaumbeeten.

Kaum zu glauben, ich habe noch nie so viele auf einmal gesehen. Schwarze Haare, rote Wangen und blaue Augen. Vanessa-Atalanta.

Der Frühling

war aufregend, der Sommer war herrlich, aber im
Herbst komme ich nach Hause. Sommer sind grün,
alles ist grün und alles ähnelt sich. Jetzt nimmt
jeder auf seine Art Abschied: die Birken gelb,
die Buchen golden, die Johannisbeeren rosa,
amerikanische Eichen feuerrot, Stieleichen ocker.
Waldränder verwandeln sich in Farbsinfonien,
Sonnenstrahlen zaubern barocke Gemälde.
Das Goldene Zeitalter ist angebrochen.
Ich muss einfach wieder schöne Blätter sammeln,
um sie zu trocknen. Und wenn ich so blättere,
zieht mein ganzes Leben vorbei.
Genauso wie die Blätter im Herbstwald.
Herbst ist: über die Schulter blicken.

Blätter im Herbstwald

Herbst ist: über die Schulter blicken.

Es ist stilles Herbstwetter,

nebelig, grau, feucht. Das Einzige, was man hört, sind die Tropfen auf den welken Blättern. Bei jedem noch so geringen Windstoß lassen die Bäume den Blättern freien Lauf. Dann ist es wieder still. Außer ... Glasklar ertönt den ganzen Tag lang das Lied zweier rivalisierender Rotkehlchen. Beide wollen dasselbe Territorium rund um das Futterhäuschen besetzen ... Glücklicherweise haben wir viele Gartenstühle, die bei den Sängern sehr beliebt sind. Welch Leidenschaft! Maria Callas war ein Waisenknabe dagegen.

Welch Leidenschaft!

Maria Callas war
ein Waisenknabe dagegen.

MB

Dies ist alles,

was vom Sommer übrig blieb, und ich nehme den Strauß mit hinein. Aufgewärmt von meiner Arbeitslampe kriechen zwei Marienkäfer heraus. Wenn ich sie vorsichtig nehme, um sie nach draußen zu bringen, scheiden sie eine stinkende gelbe Flüssigkeit aus. Wenn das einem hungrigen Vogel passiert, beschließt er sofort, dass das sein letzter Marienkäfer war. Bäh!

Bei mir wirkt der Trick nicht. Ich rieche meine Kinderzeit, denn was habe ich viele Marienkäfer über meine Hände laufen lassen! Das war wichtig, denn sie brachten Glück. Es scheint, als sei es letztes Jahr gewesen. Alter – Zeit – das steckt nicht in den Jahresringen. Es steckt in dem zarten Netz aus Erinnerungen, sicher geborgen im Kopf. Zum Greifen nah.

Erinnerungen,

sicher geborgen im Kopf.

Zum Greifen nah.

Seit Tagen

ist es kalt und trübe. Plötzlich scheint der Frühling stillzustehen. Aber die Vögel lassen sich nicht mehr ärgern. Es wird heftig gesungen und geflirtet und es entstehen Streitigkeiten um die besten Nistkästen.

Trübe? Kalt? Die Türkentauben stört das nicht.
Den ganzen Winter über habe ich sie gefüttert.
Nun flüstert er ihr ins Ohr, dass es Zeit wird,
an etwas anderes zu denken als an Essen.

Im Garten blühen jetzt die ersten Zwergnarzissen.
Unter der Weide am Tümpel und im Kräutergarten
stehen Puschkinien, hübsche blausternartige
Zwiebelgewächse mit blauem Blut in den Adern.

Zwergnarzissen

Gobelin

Es erinnerte mich

an einen mittelalterlichen Gobelin, das geduldige
Muster aus Veilchen, Haselwurz und Farn auf dem
Waldboden entlang dem Ufer des Fishing River.
Und kurz schien Europa ganz nahe: wilde Veilchen!
Sind es etwa Waldveilchen oder Märzveilchen?
Und das gelbe ein Galmeiveilchen?
Aber Europa ist doch weiter weg, als ich dachte.
Abends in meiner Flora finde ich sie wieder,
sie heißen alle anders, allerdings gehören sie zu
einer Familie. Die Haselwurz wächst in meinem
holländischen Garten!

Veilchen

Haselwurz

Viola pedatifida

Viola pensylvanica

VIOLA PEDATIFIDA
Prairie Violet
VIOLA PENSYLVANICA
Smooth Yellow Violet

Dies war einmal

ein Stück kahle Mauer mit Regenrinne neben meinem Fenster. Zuerst hängte ich einen Nistkasten auf. Im darauf folgenden Jahr pflanzte ich eine Glyzinie darunter. Und so sieht es einige Jahre später aus. Es ist dem Zaunkönig wieder geglückt, den Mietvertrag zu verlängern.
Ich bin einfach verliebt in dieses süßduftende Gedicht neben meinem Fenster.

Vor langer Zeit, im Kindergarten, habe ich so ein hübsches Lied gelernt. Es fällt mir plötzlich ein, als ich auf die zwei Zaunkönige schaue:
„Es schaukelt eine Wiege im blühenden Holz, eine Wiege mit Blumenvorhängen. Das haben zwei Vögel gemeinsam gebaut, sieh' mal, wie adrett und wie fein. Wenn der Wind spielt und das Blätterwerk streichelt, dann schaukelt die Wiege so sanft wie auf dem wogenden Meer ..."

Wenn ich es jetzt leise singe,
hat sich eigentlich nichts verändert in all den Jahren, ist die Rührung geblieben.

Falläpfel

Wochenlang fällt ein Apfel nach dem anderen aus dem Baum. Ich muss etwas damit machen, denn Falläpfel bekommen leicht faulige Stellen. Also mache ich schnell und einfach Apfelmus. Sammeln, schälen, kochen. Jetzt bewahre ich immer mehr Äpfel für Amseln und Mäuse auf. Mischa, mein größter Apfelmusfan, ist aus dem Haus. Und statt Mutters mit Liebe und Sorgfalt zubereitetes Apfelmus isst er jetzt in Amerika Apfelmus – apple sauce – aus dem Supermarkt.

Wird er je mit Wehmut an das selbst gemachte Apfelmus zu Hause zurückdenken?
Aus verschiedenen Sorten, von vier Apfelbäumen.
Es stand fertig da, wenn er aus der Schule kam, noch warm. Ich habe nicht viel sehr gut gemacht, aber ich kochte extra für ihn echtes Apfelmus.

Apfelmus

Ich will dies nicht verlieren!

Den Winter

versuche ich so lange wie möglich hinauszuzögern.
Ich nehme alle Farben des Spätherbstes
mit an meinen Tisch: die violetten Beeren des
Liebesperlenstrauchs, Orange und Rosa vom
Kardinalshut, ein paar Herbstastern, Hagebutten
und Weißdornbeeren, einen Flügel vom
Tagpfauenauge zwischen abgefallenen Blättern,
den Violetten Lacktrichterling und Täublinge.

Abschied nehmen hat immer etwas Dramatisches.
Auf einmal weiß ich es: Ich will dies nicht
verlieren!!! Noch kurz den Herbst festhalten.
Und wenn es wirklich sein muss,
dann aber einen richtigen Winter, mit Schnee.

Abschied nehmen hat immer etwas Dramatisches.

Plötzlich rieche ich einen
vertrauten süßen Duft.
Ein Hauch Frühling
– eine Erinnerung –
oder Vorfreude?
Märzveilchen im Januar.

Heute morgen

begann der Frühling, als ich die Bachstelze auf dem
Dach meines Arbeitszimmers tirilieren hörte!
Der Kalender denkt anders darüber (aber ich habe
mehr als einen Beweis: Der erste Zilpzalp ist zurück,
ich habe ihn singen hören). Und schau, was auf
meinem Tisch steht: Ist das kein Frühlingsstrauß?

Das Tagpfauenauge flog herum und Zitronenfalter
fliegen durch den kahlen Wald, die ersten
Hummelköniginnen laben sich an Blütenstaub
und Nektar. Die Finken schlagen.
Noch kein Frühling im Kalender,
aber ich weiß es besser.

Noch kein Frühling im Kalender,
aber ich weiß es besser.

MB

Valentinstag

Es ist doch schön,

dass die Überschwänglichkeit des Valentinstags auch in den Niederlanden Fuß fasst. Eine Karte, eine Blume oder ein Schmuckstück schenkt man inzwischen nicht mehr nur der Liebsten oder jemandem, den man aus der Ferne anbetet. Ich schicke dir diese fröhliche Zeichnung, damit du weißt, dass ich an dich denke.

eine Karte

ein Schmuckstück

eine Blume

Damit du weißt,

dass ich an dich denke.

MB

Erst wenn man

das Fernglas darauf richtet und das Bild, wie es ist, erfasst, sieht man, wie schön so ein Haussperling auf einem alten Gatter ist. Man vergisst beinahe, wie schön „einfach“ sein kann!

Als ich ernsthaft mit der Vogelbeobachtung begann, beachtete ich Sperlinge kaum. Es musste mindestens ein Fliegenschnäpper sein, sollte ich zum Fernglas greifen!

Jetzt bin ich eine ernsthafte Vogelbeobachterin. Ich habe so viel Schönes und Spannendes gesehen. Und nun schaue ich mit anderen Augen auf den alten vertrauten Haussperling ...

Erst als ich „erfahren“ war, wagte ich es wieder, das Kleine, nicht so Besondere hemmungslos zu genießen. Ebenso intensiv wie zu der Zeit, als ich vier war. Herrlich, das zurückzubekommen!

Herrlich, das zurückzubekommen!

Landwirtschaftsverlag GmbH, 48084 Münster

Printed in Germany

ISBN 3-7843-3198-X

Gestaltung: high standArt, Münster
Übersetzung: Dorothea Raspe
Gesamtherstellung: LV Druck
im Landwirtschaftsverlag GmbH

Gedruckt auf chlorfrei gebleichtem Papier